Con ilustraciones para un aprendizaje completo

HISTORIA DE COREA

FÁCIL DE APRENDER — ¡Para niños y adultos! — Woosung Kang

Copyright © 2024 by Woosung Kang

Todos los derechos reservados. Ninguna parte de esta publicación puede ser reproducida, distribuida o transmitida en cualquier forma o por cualquier medio, incluyendo fotocopias, grabación u otros métodos electrónicos o mecánicos, sin el permiso previo por escrito del editor, excepto en el caso de breves citas incorporadas En revisiones críticas y ciertos otros usos no comerciales permitidos por la ley de derechos de autor. Para solicitar permisos:

marketing@newampersand.com

ISBN 979-11-93438-15-2

& NEW AMPERSAND PUBLISHING
newampersand.com

Para más libros útiles

Érase una vez, en lo alto del cielo, un dios llamado Hwanin 환인.

Su hijo, Hwanung 환웅, quería ayudar a los habitantes de la Tierra.

Entonces, Hwanin lo envió al monte Taebaek 태백산.

Allí, Hwanung construyó una ciudad llamada Sinsi 신시 y gobernó al pueblo.

Un día, un oso y un tigre trotaron hasta Hwanung.

Tenían un gran deseo: ¡convertirse en humanos!

Hwanung les escuchó amablemente y les dio un poco de artemisa y ajo.

"Cómete esto y quédate en una cueva durante 100 días", instruyó con una sonrisa.

Partieron el oso y el tigre, entusiasmados por su mágica aventura.

El tigre se impacientó y salió corriendo de la cueva.

Pero el oso se quedó quieto, masticando artemisa y ajo día tras día.

Y entonces, ¡ocurrió algo asombroso!

Después de toda su paciencia, el oso se transformó en una hermosa mujer.

Hwanung se alegró mucho y le dio un nombre especial: Ungyeo 웅녀, que significaba "mujer oso".

Después de que Ungnyeo se convirtiera en mujer, Hwanung se enamoró profundamente de ella.

Tuvieron un hijo precioso juntos y lo llamaron Dangun 단군.

Con gran sabiduría y valor, Dangun construyó una espléndida ciudad llamada Asadal 아사달.

A partir de ahí, sentó las bases de un país llamado Gojoseon 고조선.

¡Fue el primero de Corea!

Durante unos 2000 años, Dangun dirigió el país con su idea inteligente *hong ik in gan* 홍익인간.

Significa " Beneficiar ampliamente a la humanidad ."

Creía en ayudar a todos, lo que hacía que la vida fuera buena para todos.

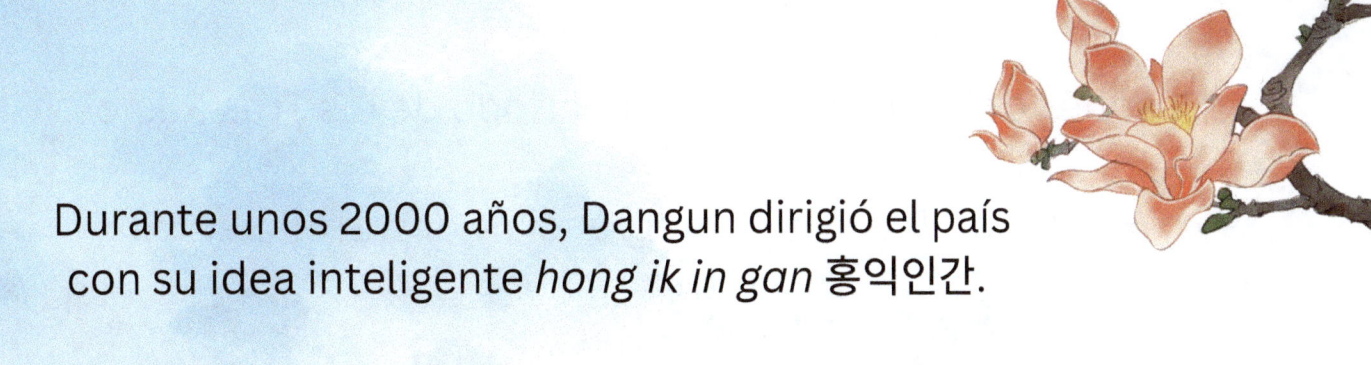

Después del Gojoseon vino el Periodo de los Tres Reinos.

Fue un periodo de competencia y desarrollo entre los tres reinos.

Eran Goguryeo 고구려, Baekje 백제 y Silla 신라.

Duraron unos 700 años, desde el 18 a.C. hasta el 668 d.C.

Libraban guerras para conseguir más tierras y hacer más grandes sus reinos, pero todos creían en el budismo y amaban las artes.

También entablaron amistad con otros países como China y Japón.

El Periodo de los Tres Reinos fue un capítulo increíble de la historia de Corea.

Fue una época de asombroso crecimiento y desarrollo de la cultura y la historia de Corea.

Goguryeo fue fundado por Jumong 주몽 en el año 37 a.C., y era un país con un espíritu fuerte y valiente.

¡Era el mayor de los tres reinos!

El pueblo de Goguryeo era conocido por sus increíbles habilidades con el arco.

Cuando Gwanggaeto el Grande 광개토대왕 era rey, ganaron muchas batallas y se apoderaron de grandes extensiones de tierra, como Manchuria occidental y partes de Rusia.

También consiguieron el control de la mayor parte de la península coreana, al derrotar a Baekje.

La gente escribió sobre todas las grandes cosas que hizo en una enorme piedra llamada Estela de Gwanggaeto.

Lo colocaron cerca de la frontera entre China y Corea del Norte.

¡Es la piedra grabada más grande del mundo en la actualidad!

Cuando la dinastía china Sui invadió el país, se enfrentó a una dura lucha.

Sin embargo, el general Eulji Mundeok 을지문덕 engañó a los soldados Sui para que cruzaran el río Salsu.

Abrieron una presa y muchos soldados Sui se ahogaron.

El resto fueron derrotados por la caballería de Goguryeo.

Murieron más de 300.000 soldados Sui, mientras que Goguryeo sólo perdió unos 2.700.

Baekje comenzó con Onjo 온조, hijo de Jumong de Goguryeo, en el año 18 a.C.

Se convirtió en un país rico porque comerciaba mucho con otros países por mar.

Onjo fue rey durante 46 años. Durante su reinado, construyó los sólidos cimientos de un poderoso reino que duró la impresionante cifra de ¡678 años!

En Baekje, el budismo era muy importante.

Algo famoso de aquella época es una estatua de Buda con una sonrisa especial llamada "Sonrisa de Baekje".

Alrededor del siglo III d.C., cuando gobernaban los reyes Goi 고이왕 y Geunchogo 근초고왕, dominaba gran parte de Corea central, incluida toda la zona del río Han.

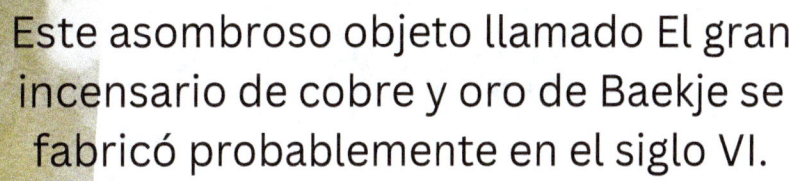

Este asombroso objeto llamado El gran incensario de cobre y oro de Baekje se fabricó probablemente en el siglo VI.

Tiene dibujos de dragones y fénix.

La gente cree que se utilizaba para ceremonias especiales, como honrar a los antepasados u otros grandes acontecimientos.

Silla comenzó hacia el 57 a.C. con Bak Hyeokgeose 박혁거세.

Creían firmemente en el budismo.

Construyeron muchos templos y estatuas hermosos en Gyeongju 경주, la capital.

Esta gigantesca Gruta de Seokguram 석굴암 es una cueva construida por el hombre.

Es una parte especial del templo de Bulguksa, en el monte Toham 토함산.

Fue reconocido por la UNESCO como Patrimonio de la Humanidad.

¡Es todo un espectáculo!

A los habitantes de Silla, sobre todo a los ricos, les encantaban las cosas lujosas, especialmente el oro.

Fabricaban hermosas coronas, cinturones y joyas de oro. Por eso se les llama "El Reino Dorado".

Esta deslumbrante corona de oro se encontró en una tumba real.

Se cree que perteneció a un rey.

Cheomseongdae es una torre de piedra que se cree que se utilizaba para observar el movimiento de las estrellas.

¡Es el observatorio más antiguo del mundo!

Sorprendentemente, ¡no se ha modificado ni arreglado desde que se construyó!

Este icono se coloca en los bordes de tejados o paredes y tiene una cara humana feliz.

La gente la llama "La Sonrisa de Silla".

A diferencia de otras culturas en las que se utilizan caras terroríficas, como la de los duendes, la gente de Silla ponía sonrisas amistosas para que los malos espíritus se sintieran mejor y se marcharan.

Durante el Periodo de los Tres Reinos, tres grandes reinos estaban siempre compitiendo.

Libraron muchas batallas, a veces aliándose con otros países para ganar.

Silla se unió a la dinastía china Tang en 648, y Baekje cayó en 660.

Después, en 668, Goguryeo fue derrotado por Silla y Tang.

En 676, Silla expulsó finalmente a las fuerzas de Tang y unió los tres reinos, llamándolos Silla Unificada.

El rey Munmu el Grande 문무대왕 gobernó este nuevo reino, que duró 260 años más.

Tras unificar los Tres Reinos y convertirse en un reino fuerte,

Silla empezó a debilitarse en el siglo IX debido a las luchas internas del reino.

En 918, el rey Taejo 태조, también conocido como Wang Geon 왕건, creó una nueva dinastía llamada Goryeo.

En 935, Silla Unificada se rindió a Goryeo.

Durante la dinastía Goryeo, el budismo se extendió por todas partes, llegando a mucha gente.

Había más de 70 templos en la capital.

Esta época se llamó la "Edad de Oro del Budismo Coreano".

Goryeo comerciaba con muchos otros países.

Los comerciantes de la dinastía Song, Arabia, el Sudeste Asiático y Japón viajaban con frecuencia.

Después de eso, todo el mundo empezó a conocer Goryeo como "Corea".

Los celadones de Goryeo son cerámicas especiales, famosas por su bonito color verde azulado y sus diseños de fantasía.

¡Fueron uno de los artículos más populares!

Goryeo también era excelente en ciencia y tecnología.

Fabricaron el primer tipo de metal del mundo, que se utiliza para imprimir.

El libro impreso más antiguo se llama Jikji y data de 1377.

Fue fabricado 78 años antes que el primer libro con tipos metálicos en Occidente, en 1455, por Gutenberg.

Se conserva en la Biblioteca Nacional de Francia y se incluyó en la Lista del Patrimonio Mundial en 2001.

A partir de 1231, Goryeo fue atacada por el Imperio Mongol (que se convirtió en la Dinastía Yuan en 1271) durante unos treinta años, hasta 1259.

Incluso después de que los mongoles tomaran Goryeo, el pueblo no se rindió.

Siguieron contraatacando, trasladando sus bases a distintos lugares como Jindo y la isla de Jejudo.

A partir de mediados del siglo XIV, Goryeo pudo volver a ser independiente.

Una cosa especial de aquella época es el Tripitaka Koreana 팔만대장경 del Templo Haeinsa 해인사.

Es una colección de enseñanzas budistas, esculpidas en 81.258 bloques de impresión de madera en el siglo XIII.

La gente lo hizo para luchar contra los soldados mongoles.

Esperaban que trajera la ayuda de Buda.

Hacer la Tripiṭaka Coreana es un símbolo de su firme compromiso de proteger a su país.

Taejo 태조, también conocido como Yi Seong-gye 이성계, fue el primer rey de la dinastía Joseon, que gobernó de 1392 a 1398.

Antes de eso, Goryeo se desmoronaba a causa de las guerras con los mongoles.

Originalmente, Yi Seong-gye era general.

Su ejército era poderoso y detuvo a los restos mongoles y a los piratas japoneses.

Entonces, la dinastía china Ming solicitó parte de las tierras de Goryeo.

La gente se dividió en dos grupos: uno quería la guerra y el otro la paz.

Yi Seong-gye, que si quería la paz, fue elegido para dirigir la guerra.

Pero en la isla de Wihwado cambió de planes y se convirtió él mismo en rey, dando comienzo a la dinastía Joseon.

Tras convertirse en rey, Taejo cambió el nombre del país por el de Joseon y eligió Hanyang 한양 (actual Seúl 서울) como capital.

Ordenó la construcción de lugares importantes como el palacio Gyeongbokgung 경복궁 y los mercados.

Hanyang era un lugar ideal para la capital porque estaba en medio de Joseon.

Además, el río Han fluía por el centro de la capital.

Facilitaba el acceso desde dentro y fuera del país utilizando el río.

La época del rey Sejong 세종 fue importante para Corea.

Creó un grupo de personas inteligentes para elaborar normas y planificar el futuro del país.

El rey Sejong hizo muchas cosas grandes, como crear el Hangul 한글, el alfabeto coreano.

나랏말ᄊᆞ미 中듕國귁에 달아 文문字ᄍᆞ와로 서르 ᄉᆞᄆᆞᆺ디 아니ᄒᆞᆯᄊᆡ 이런 젼ᄎᆞ로 어린 百ᄇᆡᆨ姓셩이 니르고져 호ᇙ 배 이셔도 ᄆᆞᄎᆞᆷ내 제 ᄠᅳ들 시러 펴디 몯 ᄒᆞᇙ 노미 하니라 내 이ᄅᆞᆯ 爲윙ᄒᆞ야 어엿비 너겨 새로 스믈여듧 字ᄍᆞᄅᆞᆯ ᄆᆡᇰᄀᆞ노니 사ᄅᆞᆷ마다 ᄒᆡ여 수ᄫᅵ 니겨 날로 ᄡᅮ메 便뼌安ᅙᅡᆫ킈 ᄒᆞ고져 ᄒᆞᇙ ᄯᆞᄅᆞ미니라

Antes de eso, no todo el mundo en Joseon sabía leer o escribir porque tenían que aprender difíciles caracteres chinos.

Pero gracias a la brillante invención del Hangul, todos en Joseon podían leer y escribir con facilidad.

Por eso la gente le llama Rey Sejong el Grande 세종대왕.

Es muy respetado en Corea.

Durante esta época, unos ingeniosos científicos crearon también el Jagyeoknu 자격루, un reloj de agua,

Angbuilgu 앙부일구, un reloj de sol,

y el primer pluviómetro del mundo para medir las precipitaciones.

Una de las cosas más famosas de la Dinastía Joseon es su cerámica, especialmente la porcelana blanca.

Y a la gente de Joseon le encantaba vestir de blanco.

Por eso los extranjeros que visitaban Joseon los llamaban *baek eui min jok* 백의민족.

¡Significa la "gente de ropas blancas"!

Durante la dinastía Joseon, la gente seguía el confucianismo.

Se trata de respetar a tus padres, a los ancianos y de ser leal al rey.

Como resultado, Joseon tuvo muchos eruditos asombrosos.

En 1592, Japón invadió Joseon,
iniciando la Guerra de Imjin 임진왜란.

Japón dañó enormemente los palacios y lugares
importantes de Joseon.

Muchas personas murieron o fueron hechas
prisioneras.

Libraron muchas batallas difíciles.

La dinastía china Ming envió tropas en busca de ayuda.

Pero el almirante Yi Sun-sin de Joseon fue un verdadero héroe durante la guerra.

En Myeongnyang, venció a 133 barcos japoneses ¡con sólo 13 barcos!

Es una de las mayores victorias navales de la historia mundial.

El almirante Yi Sun-sin era un líder excepcional.

Protegió los mares de Joseon durante la guerra.

Utilizó la poderosa nave tortuga, *geo buk seon*, 거북선 que inventó.

Dirigió a sus bien entrenados soldados.

Ideó planes ingeniosos para engañar a los barcos de la armada japonesa.

Ganó batallas como la de Okpo 옥포,
la de Hansando 한산도
y la de Myeongnyang 명량.

¡Los barcos tortuga del almirante Yi Sun-sin aplastaron a los barcos japoneses, uno tras otro!

Tras siete años, Joseon ganó la guerra.

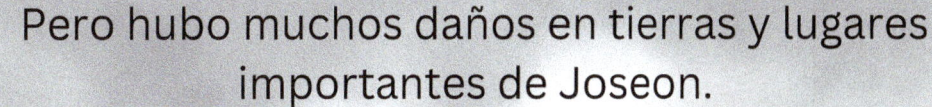

Pero hubo muchos daños en tierras y lugares importantes de Joseon.

El pueblo de Joseon trabajó duro para arreglarlo todo.

Desde entonces, Joseon logró cosas asombrosas en la cultura y la historia.

¡Fue una de las mejores épocas de la historia de Corea!

A mediados del siglo XIX, los países occidentales querían comerciar con Joseon.

Pero el gobierno de Joseon dijo que no.

En 1866, una flota francesa atacó, y en 1871, también lo hizo una flota estadounidense.

Pero Joseon luchó contra ellos, aunque fue muy duro.

En 1875, Japón envió un buque de guerra.

Exigieron que Joseon se abriera al comercio.

En 1876, Joseon se vio obligado a firmar un tratado.

Sin embargo, era un acuerdo injusto porque sólo otorgaba derechos a Japón.

Joseon tuvo que aceptar porque Japón les amenazaba con su ejército.

Después, países poderosos, como Japón, empezaron a apoderarse de los recursos de Joseon.

Para intentar protegerse, Joseon cambió su nombre por el de " Imperio Coreano ", *dae han je guk*, en 1897.

Intentaron hacer cambios, como mejorar la educación y la industria, pero no fue suficiente.

Japón se convirtió en el país más fuerte del nordeste asiático tras ganar las guerras contra China y Rusia.

Valientes coreanos,

como el patriota Ahn Jung-geun 안중근,

intentaron informar al mundo sobre las acciones injustas de Japón.

Incluso arriesgaron sus vidas.

En agosto de 1910,

el Imperio Coreano se vio obligado a convertirse en colonia de Japón.

Durante la época en que Japón gobernó Corea, arrebató muchas cosas al pueblo coreano.

Les hicieron cambiar su lengua, su forma de escribir e incluso sus nombres.

También les hicieron trabajar como obreros y soldados en las guerras que libraba Japón.
Pero a pesar de todo, el pueblo coreano luchó con fuerza para recuperar su libertad.

Formaron grupos para luchar contra Japón tanto en su país como en otros países como China, Rusia y Estados Unidos.

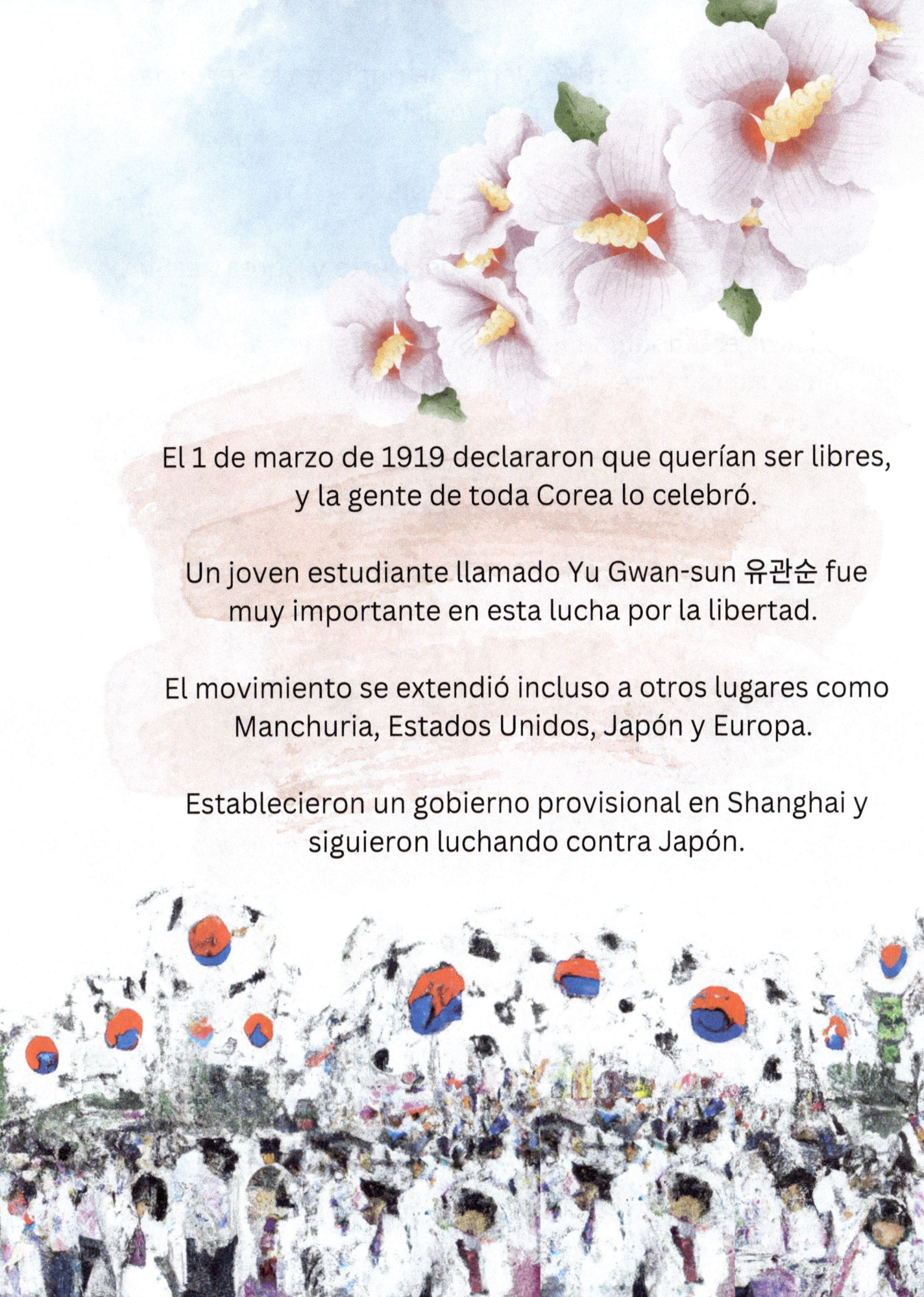

El 1 de marzo de 1919 declararon que querían ser libres, y la gente de toda Corea lo celebró.

Un joven estudiante llamado Yu Gwan-sun 유관순 fue muy importante en esta lucha por la libertad.

El movimiento se extendió incluso a otros lugares como Manchuria, Estados Unidos, Japón y Europa.

Establecieron un gobierno provisional en Shanghai y siguieron luchando contra Japón.

El 15 de agosto de 1945, Japón se rindió en la Segunda Guerra Mundial.

¡Corea volvió a ser libre!

Pero el país se dividió en Corea del Norte y Corea del Sur.

Soldados estadounidenses y soviéticos se encargaron de cada parte para asegurarse de que Japón no causara más problemas.

En 1948, celebraron la primera gran votación en Corea del Sur para elegir a sus dirigentes.

Las Naciones Unidas se aseguraron de que todo fuera justo. Ese mismo año elaboraron unas normas importantes llamadas Constitución.

Eligieron a Syngman Rhee como primer presidente.

El 15 de agosto, Corea del Sur se convirtió oficialmente en su propio país.

El pueblo tenía libertad para elegir a sus dirigentes y vivir según normas justas.

Pero en el norte, las cosas eran distintas.

Allí, la Unión Soviética no permitió que las Naciones Unidas comprobaran si la votación era justa.

Así, se convirtieron en la República Popular Democrática de Corea el 9 de septiembre de 1948.

Eligieron a Kim Il Sung como líder.
¡Quería apoderarse de toda la península por la fuerza!

Las Naciones Unidas dijeron que este ataque no estaba bien y enviaron soldados para detenerlo.

Estados Unidos envió más de 1,7 millones de soldados.

Soldados de 63 países vinieron a luchar, proporcionar servicios médicos y recursos.

Todos lucharon ferozmente con la esperanza de salvaguardar la libertad en la península coreana.

Murieron más de 630.000 soldados surcoreanos y 150.000 soldados de la ONU.

Murieron más de 800.000 soldados norcoreanos y 1.230.000 soldados chinos.

En 1953, tras tres años de brutales batallas, ambos bandos acordaron dejar de luchar.

Desde que se firmó el acuerdo, Corea ha estado dividida y nunca ha vuelto a ser una.

En el centro de la península coreana, en el paralelo 38, los dos países estaban separados por una afilada alambrada de espino.

A veces, se producían enfrentamientos armados.

Desde entonces, los coreanos temen que se produzca una guerra.

Querían volver a ser uno, pero parecía una realidad lejana.

Como resultado de la guerra, Corea lo perdió prácticamente todo.

Pero desde entonces, a Corea del Sur le ha ido extraordinariamente bien.

Es porque todos se dedicaron a construir un país mejor.

Hicieron planes para mejorar su economía y funcionaron.

Tenían un plan especial llamado movimiento Saemaul 새마을 운동 .

El objetivo era pasar de ser un país agrícola pobre a uno moderno.

Construyeron vías rápidas, edificios altos y ¡un metro!

Pero lo más importante es que el pueblo coreano tenía una actitud de "sí se puede".

El mundo lo llamó el " Milagro en el río Han ."

En 1988, Corea del Sur organizó los Juegos Olímpicos de Verano en Seúl.

Durante las Olimpiadas,

8.391 atletas de 159 países compitieron en 237 pruebas.

El evento contó con la ayuda de 27.221 voluntarios.

Aunque el mundo tenía problemas,

los Juegos Olímpicos de Seúl reunieron a muchos países en paz.

En 1998, Corea del Sur se enfrentó a un gran problema de dinero.

Durante esta época, el dinero de Corea del Sur no valía tanto, por lo que las cosas costaban más.

Muchas empresas lo pasaron mal y algunas tuvieron que cerrar. Muchas personas perdieron su empleo.

Así que necesitaron el apoyo de una gran organización internacional llamada FMI.

Pero en Corea todos colaboraron para ayudar al país.

¡Consiguieron saldar las deudas antes de lo que todos pensaban!

Y su economía se hizo más fuerte que nunca.

En la década de 2000, Corea del Sur empezó a firmar la paz con Corea del Norte.

El gobierno surcoreano puso en marcha un plan denominado "La Política del Sol".

¡Y los dirigentes de ambos países se reunieron por primera vez desde la Guerra de Corea!

Celebraron reuniones y empezaron a conectar de nuevo a los dos países.

Acordaron trabajar juntos en muchas cosas, como la economía y el turismo.

Familias separadas durante la Guerra de Corea se encontraron.

Los esfuerzos continúan hoy en día, aunque a veces se enfrentan a tiempos difíciles.

En 2002, Corea del Sur y Japón organizaron juntos la Copa Mundial de la FIFA.

Por primera vez en la historia, el acontecimiento se celebró en dos países.

Treinta y dos países se unieron, y Corea del Sur y Japón sumaron 20 ciudades donde se celebraron los juegos.

Los esfuerzos de estos dos países por el futuro dejaron un impacto duradero en el mundo.

Fue un gran acontecimiento que mostró a ambos países intentando avanzar, a pesar de tener una historia turbulenta.

2018

En 2018, Corea del Sur organizó los Juegos Olímpicos de Invierno de Pyeongchang e hizo un gran trabajo.

Un total de 2.925 atletas de 92 países participaron en los Juegos.

Unió al mundo una vez más.

Durante las Olimpiadas, Corea del Sur y Corea del Norte llegaron a un acuerdo especial.

¡Podrían utilizar una bandera única que representara a la península coreana en lugar de sus propias banderas durante la ceremonia de inauguración!

Esta bandera especial simbolizaba la unidad entre las dos naciones.

En algunas pruebas, los atletas de Corea del Norte y Corea del Sur compitieron juntos como un solo equipo.

Aunque lo pasaron mal durante la guerra, Corea del Sur ha hecho cosas increíbles con la ayuda de otros países y de su propio pueblo.

Corea del Sur no ha olvidado la ayuda que recibió en tiempos difíciles.

Ahora hacen muchas cosas buenas para devolver esa bondad.

Ayudan a otros países con asistencia financiera, tecnología, medicinas y muchos más recursos.

Muchos coreanos también se ofrecen voluntarios para ir a otros países a ayudar a personas que lo necesitan.

Hoy en día, Corea del Sur es uno de los países más apreciados en todo el mundo.

El K-pop, los dramas, las películas y la comida coreanos son adorados en todo el mundo.

¿No sientes curiosidad por ver qué cosas apasionantes aportará Corea del Sur al mundo en el futuro?